Lennard Wagner

Grundlagen der Betriebswirtschaftslehre. Rechnungswesen, Unternehmensformen, Investition, Finanzierung und Jahresabschluss

Zusammenfassung für das Abitur 2015

GRIN Verlag

Bibliografische Information der Deutschen Nationalbibliothek:

Die Deutsche Bibliothek verzeichnet diese Publikation in der Deutschen National-bibliografie; detaillierte bibliografische Daten sind im Internet über http://dnb.d-nb.de/ abrufbar.

Impressum:

Copyright © 2015 GRIN Verlag GmbH
Druck und Bindung: Books on Demand GmbH, Norderstedt Germany
ISBN: 978-3-656-92493-7

Dieses Buch bei GRIN:

http://www.grin.com/de/e-book/294698/grundlagen-der-betriebswirtschaftslehre-rechnungswesen-unternehmensformen

GRIN - Your knowledge has value

Der GRIN Verlag publiziert seit 1998 wissenschaftliche Arbeiten von Studenten, Hochschullehrern und anderen Akademikern als eBook und gedrucktes Buch. Die Verlagswebsite www.grin.com ist die ideale Plattform zur Veröffentlichung von Hausarbeiten, Abschlussarbeiten, wissenschaftlichen Aufsätzen, Dissertationen und Fachbüchern.

Inhaltsangabe

1. Kosten- und Leistungsrechnung I: Grundlagen, Abgrenzungsrechnung

1.1. Externes und internes Rechnungswesen

- Das **interne Rechnungswesen** dokumentiert/erfasst alle innerbetrieblichen Unternehmensdaten einer bestimmten Abrechnungsperiode und entwickelt Alternativen für künftige Unternehmensentwicklungen. Die Informationen dienen den internen Empfängern (Geschäftsführer, Arbeitnehmervertretung und Mitarbeitern) zur Steuerung und Kontrolle der betrieblichen Abläufe!

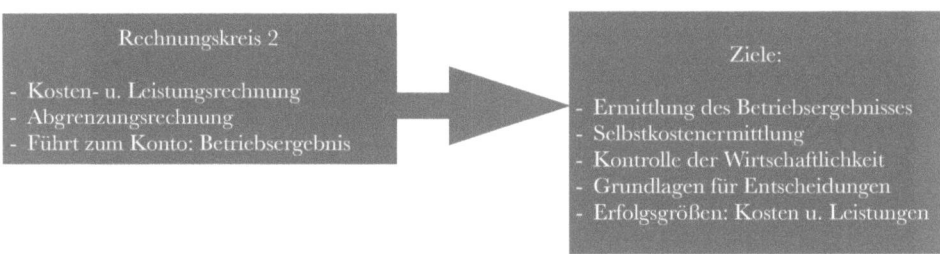

Rechnungskreis 2
- Kosten- u. Leistungsrechnung
- Abgrenzungsrechnung
- Führt zum Konto: Betriebsergebnis

Ziele:
- Ermittlung des Betriebsergebnisses
- Selbstkostenermittlung
- Kontrolle der Wirtschaftlichkeit
- Grundlagen für Entscheidungen
- Erfolgsgrößen: Kosten u. Leistungen

- Das **externe Rechnungswesen** informiert interessierte Außenstehende (z.B. Gesellschafter, Steuerbehörden, Banken und Gerichte) über die Vermögens-, Finanz- und Ertragslage des Unternehmens. Es ist im Gegensatz zum internen Rechnungswesen an gesetzliche Vorschriften gebunden! (HGB, AktG, GmbHG, EStG).

Rechnungskreis 1
- Buchführung u. Jahresabschlussrechnung
- Führt zum Konto: GuV
- Ermittlung des Gesamtergebnisses

Ziele:
- Lückenlose Aufzeichnung aller Geschäftsfälle
- Überblick über Vermögen, Schulden und Erfolgslage
- Erfolgsermittlung (Gesamtergebnis)
- Grundlage für Steuer-, Preis- und Entscheidungsermittlungen
- Informationen für: Banken, Eigentümer, Arbeitnehmer etc.
- Erfolgsgrößen: Aufwand und Ertrag

1.2. Grundbegriffe

Ausgabe:	Geldabfluss
Einnahme:	Geldzufluss
Aufwand:	GuV-Rechnung, Gesamter Werteverzehr einer Periode und damit Wertminderung des Eigenkapitals.
Ertrag:	GuV-Rechnung, Gesamter erfolgswirksamer Wertezufluss einer Periode
Kosten:	KLR, betrieblich bedingter Werteverzehr einer Periode
Leistungen:	KLR, betrieblich bedingter Wertezufluss einer Periode

Kalkulatorische Kosten sind Kosten, die in der GuV überhaupt nicht (=Zusatzkosten) oder in anderer Höhe als Aufwendungen berücksichtigt werden (=Anderskosten).

> **Kalk. Abschreibungen (der KLR)** erfassen nur das betriebsnotwendige Vermögen welches dann linear abgeschrieben wird. Die Grundlage der Abschreibung bilden die Wiederbeschaffungskosten und es wird über die betriebsindividuelle Nutzungsdauer abgeschrieben.

> **Der Kalk. Unternehmerlohn** betrifft nur Einzelunternehmen und Personengesellschaften, weil bei Kapitalgesellschaften der Unternehmerlohn bereits aufwands- und kostenmäßig als Gehalt erfasst ist.
> Ziel: Kostenmäßige Gleichstellung von Personen- und Kapitalgesellschaften
> Höhe: Vergleichbares Gehalt eines vergleichbaren Geschäftsführers/Vorstands.

1.3. Die Ergebnistabelle (Abgrenzungstabelle)

Die **Abgrenzung** der Aufwendungen aus der GuV in betriebliche Aufwendungen (=Kosten der KLR) von den **neutralen Aufwendungen** sowie die Verrechnung der **Anderskosten** und **Zusatzkosten** erfolgt über die Ergebnistabelle (**Abgrenzungstabelle**).

Anderskosten: Kosten die in der KLR mit einem anderen Betrag angesetzt werden müssen als in der Buchführung (z.B. kalk. Abschreibungen).

Zusatzkosten: Kosten für die es keine Aufwendungen innerhalb der Buchführung gibt (z.B. kalk. Unternehmerlohn).

Rechnungskreis I			Rechnungskreis II					
Aus der Gewinn- und Verlustrechnung (GuV)			Abgrenzungsbereich				Kosten- und Leistungsrechnung	
			unternehmensbezogene Abgrenzung		kostenrechnerische Korrekturen			
Kontoname	Aufwand	Ertrag	Aufwand	Ertrag	Aufwand	Ertrag	Kosten	Leistung

Neutrale Aufwendungen und Erträge

Unternehmensergebnis (Gewinn/Verlust)

Zusatz- und Anderskosten

Betriebsergebnis (Betriebsgewinn/-verlust)

1.4. Systeme der Kosten- und Leistungsrechnung

Vollkostenrechnung

Klassische Vollkostenrechnung mit Zuschlagssätzen

Ziel der Vollkostenrechnung ist es, innerhalb einer Abrechnungsperiode angefallene Kosten den Kostenträgern zuzurechnen. Die Kosten sollen dann über einen kostendeckenden Verkaufspreis wieder erwirtschaftet werden.

Prozesskostenrechnung

Sie basiert auf der Überlegung, dass Tätigkeiten/Aktivitäten Gemeinkosten verursachen. Zusammengehörige Tätigkeiten werden zu Prozessen zusammengefasst.

Teilkostenrechnung

Deckungsbeitragsrechnung

Sie geht vom erzielbaren Marktpreis aus und zieht davon zunächst die variablen Kosten ab. Ein verbleibender Ertragsüberschuss (Deckungsbeitrag) dient dann zur Deckung der fixen Kosten.

2. Kosten- und Leistungsrechnung II: Kostenstellen- und Kostenträgerrechnung

2.1. Die Kostenstellenrechnung (BAB)

Einzelkosten	Gemeinkosten
Kosten, die einem Produkt (Kostenträger) unmittelbar/direkt zugerechnet werden können! Beispiele: - Materialkosten (MEK) - Fertigungskosten (FEK) - Sondereinzelkosten (SEK)	Kosten, die für mehrere Kostenträger gemeinsam anfallen und nicht unmittelbar dem Produkt zugerechnet werden können. Sie werden mit Hilfe von im BAB ermittelten Zuschlagssätzen auf die Kostenträger verrechnet. Beispiele: - Materialgemeinkosten (MGK) - Fertigungsgemeinkosten (FGK) - Vertriebs/Verwaltungsgemeinkosten (VtGK/VwGK)

Hauptkostenstellen

Die Gemeinkosten werden auf die vier Hauptkostenstellen (nach „Schlüsseln") verteilt und dann mit Hilfe von Kalkulationszuschlägen auf die Kostenträger (Produkte) verrechnet!
Hauptkostenstellen sind:
- Material
- Fertigung
- Verwaltung
- Vertrieb

Aufbau des Betriebsabrechnungsbogen (BAB)

Gemeinkosten	Material	Fertigung	Verwaltung	Vertrieb
———	——>—	——>—	——>—	——>—
(z.B. 4-2-1-2)	Verteilung der	Gemeinkosten	mit Schlüsseln	auf 4 HK-Stellen
———	——>—	——>—	——>—	——>—
Summe GK	MGK	FGK	VwGK	VtGK

Berechnung der Zuschlagssätze: Dabei entsprechen Einzelkosten 100% und Gemeinkosten x%

(100% : MEK) * MGK oder (100% : FEK) * FGK ... usw.

Das Kalkulationsschema

	Materialeinzelkosten
+	Materialgemeinkosten
=	**Materialkosten**
	Fertigungseinzelkosten
+	Fertigungsgemeinkosten
=	Fertigungskosten
=	**Herstellkosten**
+	Verwaltungsgemeinkosten
+	Vertriebsgemeinkosten
=	**Selbstkosten**

Umsatzerlöse - Selbstkosten

| = | **Betriebsergebnis** |

NOTIZEN:

2.2. Normalkosten und Istkosten

Normalgemeinkosten:

Im Laufe der Periode verrechnete Gemeinkosten. Normalzuschlagssätze sind Durchschnittssätze.

Istgemeinkosten:

Tatsächlich entstandene Kosten laut BAB!

- **Überdeckung:** Normalkosten > Istkosten (zu viel kalkuliert)
- **Unterdeckung:** Normalkosten < Istkosten (zu wenig kalkuliert)

Ermittlung der Über- und Unterdeckungen:

	Istkosten		Normalkosten		Unterdeckung (-) Überdeckung (+)
MEK		100.000,00		100.000,00	
MGK	9,5%	9.500,00	10%	10.000,00	+ 500,00
...	...		...		...
Selbstkosten		180.000,00		180.500,00	+ 500,00
Umsatzerlöse		200.000,00		200.000,00	
Ergebnis				19.500,00	
+ Überdeckung				+ 500,00	
Betriebsergebnis		20.000,00		20.000,00	

Gründe für Abweichungen zwischen Ist- und Normalkosten:

- Verbrauchs - oder Mengenänderung von Kostenstellen
- Preisabweichung bei Hilfs- und Betriebsstoffen
- Beschäftigungsabweichungen (Steigt der Beschäftigungsgrad, ändern sich die Gemeinkosten wegen den fixen Bestandteilen nicht proportional)

2.3. Die Kostenträgerstückrechnung

Die Kostenträgerstückrechnung (Kalkulation) ermittelt die Kosten für ein Erzeugnis bzw. eine Erzeugnisgruppe.

Materialeinzelkosten	100 %	
+ MGK	z.B. 9%	
Materialkosten	**109 %**	
Fertigungseinzelkosten	100 %	
+ FGK	z.B. 19%	
Fertigungskosten	**119 %**	
Herstellkosten	**100 %**	
+ VwGK	z.B. 5%	
+ VtGK	z.B. 5%	
Selbstkosten	**100 %**	
+ Gewinn	z.B. 15%	
Barverkaufspreis	**98 %**	!! Entspricht nicht mehr 100% !!
+ Skonto	2 %	
Zielverkaufspreis	**100 % / 90%**	!! Für Rabatt entspricht ZVkP 90% !!
+ Rabatt	z.B. 10%	
Nettoverkaufspreis	**100 %**	

NOTIZEN:

3. Kosten-/ Leistungsrechnung III: Kostenanalyse und Teilkostenrechnung

3.1. Kostenanalyse:

Abhängigkeit der Kosten von der Ausbringungsmenge (=Beschäftigungsgrad)

Kapazität = 100%

tatsächliche Produktion = x % —> Beschäftigungsgrad(%) = $\dfrac{\text{tatsächliche Prod.} * 100}{\text{Kapazität}}$

Fixe Kosten	Variable Kosten
- Beschäftigungsunabhängige Kosten - z.B. Miete, Gehälter, Zinsen - <u>fixe Stückkosten</u> sinken bei steigender Beschäftigung da sie sich auf immer mehr Stück verteilen —> Gesetz der Massenproduktion!	- Beschäftigungsabhängige Kosten - z.B. Material, Löhne - <u>variable Stückkosten</u> bleiben konstant bei linearem Gesamtkostenverlauf
Sprungfixe Kosten	**Mischkosten**
Bei fortschreitender Erhöhung des Beschäftigungsgrades steigen Fixkosten von einer bestimmten Menge sprunghaft an und bleiben dann in dieser Höhe wieder Fix! Zum Beispiel Gehälter werden ab einer Bestimmten Menge teurer weil mehr Personal nötig ist.	Kosten die sowohl fixe als auch variable Kostenbestandteile enthalten: - z.B. - Stromkosten - Heizungskosten - Reisekosten
Umsatzerlösformel	**Gesamtkostenformel**
Umsatz = Preis * Produktionsmenge U = p * x	Kosten = variable Kosten + Fixkosten K = Kv + Kf K = (kv*x)+ Kf
Gewinnformel	**Nutzen-/Gewinnschwelle**
Gewinn = Umsatz - Kosten G = (p * x) - (kv * x + Kf)	Umsatz = Kosten p * x = kv * x + Kf
Gewinnmaximum ————————> an der Kapazitätsgrenze	

Kritische Menge

Die Produktionsmenge ab der ein Produktionsverfahren kostengünstiger wird als ein anderes Produktionsverfahren nennt sich „Kritische Menge".

Hier gilt: Kosten (Verfahren I) = Kosten (Verfahren II)
$$kv * x + Kf \qquad = kv * x + Kf \qquad \longrightarrow \text{dann nach x auflösen!}$$

Rechnerische Kostenauflösung (fixe und variable Kosten)

Um die Fixkosten von den variablen zu trennen ist folgendes Vorgehen erforderlich:

Ausbringung bei 100% Kapazitätsauslastung: 2.000 Stück
Gesamtkosten bei 70% Kapazitätsauslastung: 300.000€
Gesamtkosten bei 90% Kapazitätsauslastung: 380.000€

1. Wie viel Stück entsprechen 70%? —> Dreisatz: 1.400 Stück
2. Wie viel Stück entsprechen 90%? —> Dreisatz: 1.800 Stück
3. Da die fixen Kosten immer konstant bleiben, müssen die Kosten die über die Stückzahl gestiegen sind variabel sein! von 300 auf 380 —> Also 80.000€ Kv bei 400 Stück mehr.
4. 80.000€ : 400 Stück = 200€ kv pro Stück
5. 200€ kv * 1.400 Stück = 280.000€ —> Also müssen die restlichen 20.000€ fixe Kosten sein!

NOTIZEN:

3.2. Teilkostenrechnung (=Deckungsbeitragsrechnung)

Vergleich von Voll- und Teilkostenrechnung	
Vollkostenrechnung	**Teilkostenrechnung**
- Rechnet nur mit Vollkosten (Kf und Kv) - Abwälzen aller Kosten auf die Preise - Ist der **Preis < Vollkosten** wird das Produkt evtl. aus dem Sortiment genommen was eine Fehlentscheidung sein kann. - **Preisuntergrenze = Vollkosten**	- Rechnet nur mit Teilkosten (Kv) - **P < kv** Ausscheiden des Produkts - **P = kv Preisuntergrenze** - **P > kv** dann leistet das Produkt einen Beitrag zur Fixkostendeckung - **Preis - variable Stückkosten** **= Deckungsbeitrag pro Stück (db)**

Problembereiche der Vollkostenrechnung (Fehlentscheide) und Lösungen des DB:

1. **Aufnahme, Streichung** oder **Rangfolge** von Produkten:

   Nur die **Deckungsbeitragsrechnung** kann diese Probleme lösen:

   - Aufnahme eines Produkts wenn es einen positiven Deckungsbeitrag hat!

   - Streichung eines Produkts wenn es einen negativen Deckungsbeitrag hat!

   - Rangfolge der Produkte („Hitparade") nach Deckungsbeiträgen!

2. **Eigenfertigung** oder **Fremdbezug**?:

   Der Bezugspreis bei Fremdbeziehung eines Produkts ist mit den eigenen variablen Kosten zu vergleichen!

   Ist keine Kapazitätserweiterung für die Eigenfertigung vorzunehmen gilt:

   Variable Stückkosten < Bezugspreis

3. Zusammenfassung, **Vorteile** der **Deckungsbeitragsrechnung**:

   - Ermittlung der absoluten Preisuntergrenze (=variable Kosten) möglich

   - Verbesserte Entscheidungen bezüglich Aufnahme, Streichung oder Rangfolgen

   - Verbesserte Wahlentscheidungen bezüglich Produkt A oder B produzieren, Eigenfertigung oder Fremdbezug

   - Zusatzaufträge Ja oder Nein? —> über Deckungsbeiträge lösbar!

   - Verbesserte Gewinnplanung und Kostenverursachungsprinzip

| Umsatzerlöse
- variable Kosten
= Deckungsbeitrag

(DB : Stückzahl = db)

Deckungsbeitrag
- Fixkosten
= Betriebsergebnis | —> Auch wenn einzelne Produkte einen negativen Deckungsbeitrag aufweisen, können sie aus folgenden Gründen im Sortiment bleiben:

- Arbeitsplatzsicherung
- Sortimentenvielfalt
- „Vorzeigeartikel" | - Ergänzungsprodukt
- Produkteinführung |

Relativer Deckungsbeitrag (=Deckungsbeitrag je Minute)

Kommt in Engpasssituationen zur Anwendung wenn nicht alle Produkte hergestellt werden können weil in einer „Engpass"-Abteilung die verfügbare Fertigungszeit begrenzt ist!

- Deckungsbeitrag/Stück : Fertigungszeit/min. = relativer Deckungsbeitrag
- Dann Aufstellen von Ranglisten (Höchster relativer db ganz oben)
- Maximal absetzbare Stückzahl der obersten Ranglistenplätze abarbeiten und die restliche Fertigungszeit soweit nach unten verteilen wie möglich.

Beispiel: (Verfügbare Zeit in Engpass: 4.000 Minuten)

	Produkt A	Produkt B	Produkt C
Maximale Stückzahl	100	150	200
Erlös	10 €	20 €	5 €
kv	8 €	15 €	4 €
db	2 €	5 €	1 €
Fertigungszeit / min.	10	20	10
db relativ pro min.	0,20	0,25	0,10
Rang	2	1	3

Produkt	Maximale Stückzahl	Zeit pro Stück	Zeitbedarf
B	150	20	3.000
A	100	10	1.000
C	200	Kann nicht mehr erfüllt werden da keine Restzeit mehr vorhanden ist! —> Produkt C fliegt raus.	

4. Kosten- und Leistungsrechnung IV: Prozesskostenrechnung

- 4.1. Probleme der traditionellen Vollkostenrechnung
- Die Gemeinkostenproblematik I

Die Gemeinkosten stehen in einem proportionalen Verhältnis zu den Einzelkosten, d.h. sie werden mit einem Zuschlagssatz auf die Einzelkosten kalkulatorisch umgelegt.

—> Die Kritik besteht hieran, dass die Art der Verrechnung nicht der tatsächlichen Kostenverursachung entspricht und sie somit zu verfälschten Kalkulationsergebnissen führt! = Verletzung des Kostenverursachungsprinzips!

Einzelkosten   = 100%

Gemeinkosten =   x%   Zuschlagssatz = (Gemeinkosten : Einzelkosten) * 100

—> **Proportionalisierung der Gemeinkosten!**

Nimmt man als Beispiel Materialeinzelkosten von 1.000€ und kalkuliert mit MGK von 20% so fallen bei der Beschaffung von 1 Stück Fertigungsmaterial Gemeinkosten in Höhe von 200€ an. —> Beschafft man nun 100 Stück Fertigungsmaterial würden 20.000€ MGK anfallen (20% von 100 * 1.000€) —> **Unrealistisch** - Die einmalige Beschaffung von 100 Stück kann nicht das 100-Fache an Gemeinkosten verursachen wie die Beschaffung von 1 Stück!

—> Neue Bezugsgröße ist notwendig! Z.B. **Auftragsbezogene Tätigkeiten**

- Die Gemeinkostenproblematik II

Die Gemeinkosten werden im Verhältnis zu den Einzelkosten immer höher was dazu führt, dass die Einzelkosten ihren Stellenwert als Bezugsgröße verlieren.

Gründe: Betrachtet man die Fertigungskosten, so liegen die FGK oft über 100%! Das liegt z.B. an der Mechanisierung und Automatisierung der Fertigungsstelle —> führt zu geringeren Lohneinzelkosten (FEK) und steigenden Fertigungsgemeinkosten (FGK) zum Beispiel durch Abschreibungen, Energiekosten und kalkulatorische Zinsen!

FEK sinken; FGK steigen > steigende FGK-Zuschläge > ungenaue Kalkulation!

Konsequenz:

Feststellung und Berücksichtigung der „wirklichen" Kostenverursachung!

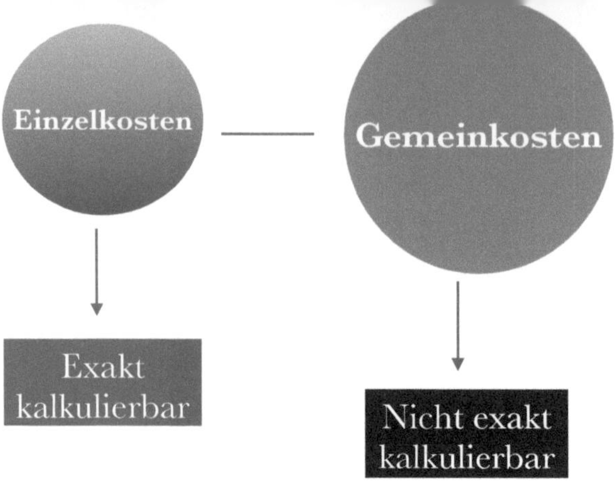

Einzelkosten — **Gemeinkosten**

Exakt kalkulierbar

Nicht exakt kalkulierbar

BISHER:

Im Laufe der Zeit stieg der Anteil der Gemeinkosten und somit der Grad der Unexaktheit in der Kalkulation!

Lösung: So viele Gemeinkosten wie möglich müssen auf andere Art (exakt) verrechnet werden.

Prozesskostenrechnung

=Umlegung der Gemeinkosten auf Teilprozesse!

KÜNFTIG:

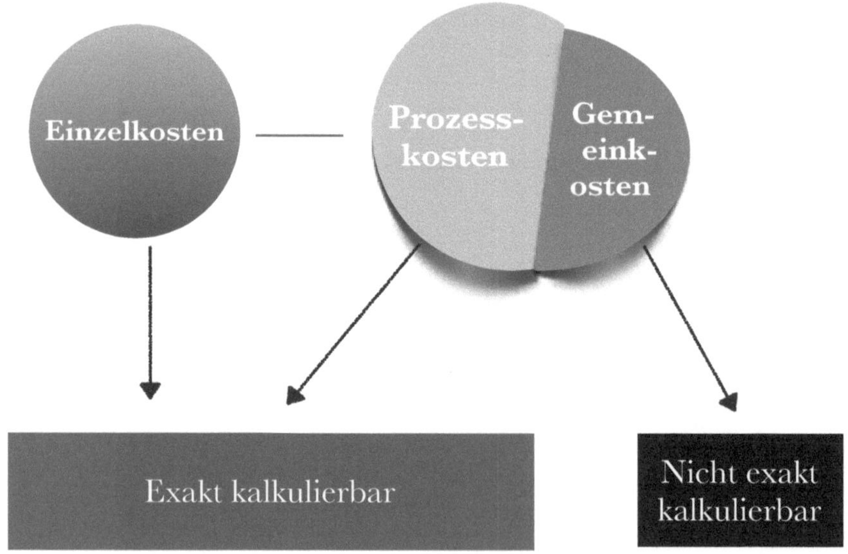

Einzelkosten — **Prozess-kosten** **Gem-eink-osten**

Exakt kalkulierbar

Nicht exakt kalkulierbar

4.2. Allgemeines zur Prozesskostenrechnung (PKR)

- **Neues Instrument** der Kostenrechnung
- Die PKR soll die **Problematik** wachsender und **ungenauer Gemeinkosten** beseitigen
- In der PKR werden die Gemeinkosten mithilfe **mengenbezogener Prozesskostensätze** verrechnet!

Traditionell	Prozesskostenrechnung
MGK = MEK * Zuschlagssatz	
FGK = FEK * Zuschlagssatz	**Prozessbezogene Gemeinkosten**
VwGK = HK * Zuschlagssatz	**= Leistungsmenge * Prozesskostensatz**
… usw.	

- Hauptziel der PKR: **Verursachungsgerechte, genauere** Kostenverrechnung
- Leistungen eines Unternehmen werden als sog. „Prozesse" definiert!
- In der **PKR** sind Gemeinkosten **aktivitätsbezogen** - nicht Stellenbezogen (BAB)
—> Die Nutzung der PKR ist sehr aufwendig und wird in Deutschland momentan nur ergänzend zur traditionellen Vollkostenrechnung angewendet!
- Die **Bezugsgröße** in den **Kostenstellen** sind nicht die Einzelkosten, sondern die **Anzahl der bearbeiteten Vorgänge!**
- Die PKR liefert Antworten auf folgende Fragen:
    - Wo sind Kosten angefallen?
    - Für welche Tätigkeiten sind Kosten angefallen?
- Die PKR kommt vor allem in den Bereichen **Beschaffung, Verwaltung und Vertrieb** zum Einsatz

NOTIZEN:

4.3. Vorgehensweise

BAB: Der Materialbereich soll auf die PKR umgestellt werden, die anderen Kostenstellen werden traditionell verrechnet!

Gemeinkosten	Material	Fertigung	Verwaltung	Vertrieb
Gehälter	120.000	...	...	...
Abschreibungen	40.000	...	...	...
Bürokosten	10.000	...	...	...
Zinsen	80.000	...	...	...
Summe:	250.000	...	...	...

Vorgehensweise:

- Ermittlung der Teilprozesse im Materialbereich

Die in der Kostenstelle „Material" ausgeübten Tätigkeiten (=Aktivitäten) sind die Ursache für die Entstehung der Gemeinkosten!

Tätigkeit (Aktivität) —> Jede ausgeführte Arbeit, die Gemeinkosten verursacht

Tätigkeit 1 (Mat. Prüfen)

Tätigkeit 2 (Meldebestände Prüf.)

Tätigkeit 3 (... usw.)

Tätigkeit 4

Tätigkeit 5

Tätigkeit 6

Tätigkeit 7

> **Zusammenfassung der Tätigkeiten zu sinnvollen Tätigkeitsbündeln = Teilprozessen.**
>
> **Die Teilprozesse müssen jeweils zu einem gemeinsamen Arbeitsergebnis führen und es muss eine gemeinsame Maßgröße gefunden werden.**
>
> **ALLE Tätigkeiten müssen zu Teilprozessen**

Teilprozess A (Mat. annehmen)	Teilprozess B (Mat. einlagern)	Teilprozess C (Mat. ausgeben)	Teilprozess D (Mat.Stelle leiten)
T01	T03	T02	T04
T05		T06	T07

- Ermittlung der Gemeinkosten der Teilprozesse

—> Umgliederung der Gemeinkosten auf Teilprozesse! Erfolgt meistens über die sog. „Mannjahre" —> Jährliche Arbeitszeit eines Mitarbeiters!

Material
120.000
40.000
10.000
80.000
250.000

Kostenstelle Material	
Teilprozesse	Teilprozesskosten
Material annehmen	60.000
Material einlagern	40.000
Material ausgeben	100.000
Materialstelle leiten	50.000
Summe MGK	250.000

- Festlegung der Kostentreiber für die Teilprozesse

Die Kosten innerhalb eines Teilprozesses werden durch sog. **Kostentreiber** (=Maßgrößen) verursacht! z.B die Anzahl der Anlieferungen!

Für alle Teilprozesse müssen Kostentreiber bestimmt werden . Z.B. hängen die 60.000€ des Teilprozesses „Material Annehmen" von der Anzahl der Anlieferungen ab.

—> Es handelt sich also um Kosten die proportional zu Anzahl der Kostentreiber verlaufen!

—> **Leistungsmengeninduzierte Prozesskosten = lmi-Kosten**

Ist für einen Teilprozess keine Maßgröße fixierbar (z.B. „Materialstelle leiten") handelt es sich um sog. **Leistungsmengenneutrale Prozesskosten = lmn-Kosten.**

Leistungsmengeninduzierte Teilprozesse (lmi-Teilprozesse)

= Die kosten verlaufen proportional zu der Anzahl der Kostentreiber.

  Ähnlich variablen Kosten!

Leistungsmengenneutrale Teilprozesse (lmn-Teilprozesse)

= Kosten fallen unabhängig von der Leistungsmenge an. Ähnlich fixen Kosten!

- Umlage der Teilprozesse ohne Kostentreiber (lmn-Teilprozesse)

Die Summe der Materialgemeinkosten ohne die lmn-Kosten (Hier: 250.000-50.000 = 200.000) bildet die Grundlage der Verhältnisrechnung.

Nun muss ermittelt werden, wie viel Prozent die einzelnen lmi-Kosten einen Anteil an den gesamten lmi-Kosten besitzen. Z.B. der Teilprozess „Material ausgeben" hat 100.000€ lmi-Kosten —> Also 50% der gesamten lmi-k.!

Das bedeutet das 50% der lmn-k. des Teilprozesses „Materialstelle leiten" dem Teilprozess „Material ausgeben" zugerechnet werden! (50% von 50.000€ + 100.000€ = 125.000€)

- Berechnung der Prozesskostensätze:

Teilprozesskostensatz in € = Teilprozesskosten : Teilprozessmenge

Umlagesatz € = (umgelegte lmm-Prozesskosten : lmi-Prozesskosten) * Teilprozesskostensatz

Gesamtprozesskostensatz in € = Teilprozesskostensatz + Umlagesatz

- Hauptprozesskosten:
   Anschließend erfolgt die Bildung sog. Hauptprozesskostensätze, hierfür werden die einzelnen Teilprozesskosten die zusammengehören addiert und durch die Menge des Kostentreibers des Hauptprozesses dividiert! Danach gibt der Hauptprozesskostensatz an, wie viel Euro die einmalige Durchführung eines Hauptprozesses kostet!

Addition der Teilprozesse je Kundenauftrag = Hauptprozesskosten je Auftrag

Addition der Teilprozesse pro Stück = Hauptprozesskosten je Stück

—> Prozesskostenkalkulation

„Im letzten Schritt werden die Prozesskosten den Produkten im Rahmen der Kostenträgerrechnung belastet. Dies bedeutet, dass die Kosten der Prozesskostenstellen nicht mehr auf die Fertigungsstellen umgelegt, sondern den Kostenträgern mit Hilfe der Prozesskostensätze direkt zugerechnet werden,,

- Der Allokations-(=Zuordnung)-effekt:

Die Prozesskostenrechnung ordnet den einzelnen Kostenträgern Gemeinkosten in anderer Höhe zu als die traditionelle Zuschlagskalkulation!

Die Differenz die sich durch die andere Zuordnung ergibt, nennt man den Allokationseffekt. Er kann in Euro (absolut €) oder in Prozent (relativ %) ausgedrückt werden!

Prozessgemeinkosten - Traditionelle Gemeinkosten = Allokationseffekt

Allokationseffekt **< 0:** Das Produkt ist weniger komplex als traditionell errechnet/erwartet und kann günstiger verkauft werden.

Allokationseffekt **> 0:** Das Produkt verursacht höhere Gemeinkosten und ist dadurch komplexer als erwartet/errechnet! —> Komplexitätseffekt! Das Produkt sollte teurer verkauft werden!

- Der Degressionseffekt:

—> Die Prozesskosten je Stück nehmen bei zunehmender Produktionsmenge ab! Der Grund: Einige Prozesse sind von der Menge unabhöngig da sie pro Auftrag nur einmal anfallen (z.B. Auftrag bestätigen, planen oder versenden) —> fixe Kosten

—> Ideal sind also Aufträge mit sehr hoher Stückzahl die noch keine zusätzlichen Prozesse auslösen!

5. Rechtsformen I: Grundlagen, Personengesellschaften

I. Handelsrechtliche Grundlagen

- **Kaufmann** im Sinne des HGB ist ...
    - wer ein Handelsgewerbe betreibt (§1 HGB) —> **Istkaufmann**
        - Handelsgewerbe = Gewerbebetrieb mit kaufmännischer Organisation
        - kfm. Angestellte, Gewinnerzielungsabsicht, kein Kleingewerbe, keine Land- und Forstwirtschaft, keine Freiberufler (Ärzte, Architekten etc.) —> §2 HGB
    - wer sich freiwillig ins Handelsregister eintragen lässt —> **Kannkaufmann**
        - Kleingewerbetreibende oder Land-und Forstwirte
    - ein Unternehmen mit einer bestimmten Rechtsform —> **Formkaufmann**
        - AG und GmbH —> Handelsgesellschaften

- Das **Handelsregister** ist ein öffentliches Verzeichnis der Kaufleute!
- Unterschieden werden:
    - Abteilung A —> Einzelunternehmen und Personengesellschaften
    - Abteilung B —> Kapitalgesellschaften

- Rechtliche Wirkung der Eintragung: (§15 HGB)

Tritt die Rechtswirkung erst durch die Eintragung ein (z.B. bei einer GmbH, AG oder Kannkaufleuten), ist die Eintragung ins HR **Konstitutiv = Rechtserzeugend**

Ist die Rechtswirkung hingegen schon vor der Eintragung ins HR eingetreten, wird sie durch eine Eintragung nur bestätigt! (z.B. Eintragung eines Istkaufmanns). **Deklaratorisch = Rechtsbezeugend.**

Das Handelsregister genießt **öffentlichen Glauben**, d.h. was im HR steht gilt als richtig es sei denn der Fehler ist öffentlich bekannt!

- **Die Firma** ist der im Handelsregister eingetragene Name eines Kaufmanns unter dem er sein Geschäft betreibt, seine Unterschrift abgibt und/oder Klagen bzw. Verklagt werden kann.

Es gilt:

- **Firmenwahrheit** = Keine Täuschung über Größe und Art

- **Firmeneinzigartigkeit** = Keine Verwechslungen mit anderen

- **Firmenbeständigkeit** = Der alte Name kann fortgeführt werden

- Rechtsformen

- Einzelunternehmen

- Gesellschaften

- Personengesellschaften

- OHG (Offene Handelsgesellschaft)
- KG (Kommanditgesellschaft)

- Kapitalgesellschaften

- GmbH (Gesellschaft mit beschränkter Haftung)
- AG (Aktiengesellschaft)

- Sonderformen

- eG (eingetragene Genossenschaft)

II: Das Einzelunternehmen

Eine **Person**, welche das **Kapital** aufbringt, das Unternehmen **leitet** und das volle **Risiko** trägt, führt ein Einzelunternehmen.

Die **Firma** besteht aus einem Sach-, Personen-, Fantasie-, oder Mischnamen mit dem Zusatz „eingetragener Kaufmann" oder „e.K.".

Vorteile

- Entscheidet alleine
- Schnellere Entscheidungen
- Keine Gewinnaufteilung
- Kein Mindestkapital
- Weniger Formalitäten
  - Gewerbeamt und
  - HR entfallen!

Nachteile

- Evtl. Fehlentscheide durch zu geringes Fachwissen
- Alleinige Haftung
- Unbeschränkte Haftung
- Hohes Risiko
- Begrenztes Eigenkapital
- Begrenzte Kreditwürdig.
- Unternehmen steht und fällt mit Unternehmer

Gründe für eine Gesellschaftsbildung:

- Kapitalvermehrung
- Kreditwürdigkeit erhöhen
- Fachleute einbeziehen
- Risikoaufteilung

Nachteile einer Gesellschaft:

- Entscheidungsfreiheit eingeschränkt (mehrere Entscheiden mit)
- Entscheidungsverzögerungen (bei Differenzen zwischen den Gesellschaftern)
- Gewinnaufteilung

III. Die offene Handelsgesellschaft (OHG)

Firma	- Allgemeine Firmengrundsätze (§17ff HGB) - Rechtsformzusatz „OHG" oder ausgeschrieben!
Gründerzahl	- Mindestens 2 Gesellschafter.
Vetragsform (Satzung)	- Formfrei und meist schriftlich - Bei Einbringung von Grundstücken: Schriftform mit notarieller Beurkundung zwingend! (§§311b BGB)
HR-Eintrag und Kapitalaufbringung	- Die OHG muss beim Amtsgericht zur Eintragung ins HR angemeldet werden! (§106 HGB) - Die Gesellschafter müssen im Rahmen der Gründung Einlagen in Form von Geldzahlungen oder der Übertragung von Sachen/Rechten leisten! - Das Eigentum an den eingebrachten Vermögensgegenständen steht den Gesellschaftern gemeinsam zu! - Die Summe der Einlagen (in € bewertet) bildet das Eigenkapital der OHG.
Entstehung der Gesellschaft	- **Innenverhältnis:** Mit dem Abschluss des Gesellschaftervertrags bzw. im darin festgelegten Datum
	- **Außenverhältnis:** Sobald ein Gesellschafter im Namen der OHG Geschäfte tätigt! Folgt danach eine Eintragung ins Handelsregister, so ist diese **deklaratorisch**! - Erfolgt die Eintragung ins HR vor Aufnahme der Geschäfte, entsteht die OHG im Außenverhältnis mit der **konstitutiven** Eintragung ins Handelsregister!
Haftung	- Der Gesellschafter haftet **unbeschränkt** (mit seinem Geschäfts- und Privatvermögen) - **unmittelbar** (Gläubiger können sich an die OHG oder jeden Gesellschafter wenden) und - **gesamtschuldnerisch** (solidarisch, jeder Gesellschafter haftet für die kompletten Schulden der OHG) (§128 HGB) - Eine andere Vereinbarung ist Dritten gegenüber unwirksam!
	- Tritt ein Gesellschafter in eine bereits bestehende Gesellschaft ein, haftet er auch für „alte" Verbindlichkeiten - Tritt ein Gesellschafter aus der OHG aus, haftet er noch fünf Jahre für Verbindlichkeiten bis zu seinem Austrittsdatum! (§159ff HGB)

Geschäftsführung (Innenverhältnis)	- Gesellschafter haben Einzelgeschäftsführungsbefugnis für Ihre Handlungen innerhalb der OHG —> Ist ein Gesellschafter also nicht durch den Gesellschaftsvertrag von der Geschäftsführung ausgeschlossen, so darf er gewöhnliche Rechtsgeschäfte oder rein tatsächliche Handlungen (Bilanzen aufstellen oder Kontrolle etc.) ohne das Einverständnis der Mitgesellschafter machen! - **Widerspricht** jedoch ein Mitgesellschafter der Handlung, muss dieses unterbleiben! (§115 HGB) - Für **außergewöhnliche Rechtsgeschäfte** ist ein Gesamtbeschluss aller erforderlich! (§§ 114-116 HGB)
Vertretung (Außenverhältnis)	- Ist nichts anderes im Gesellschaftsvertrag bestimmt und im HR eingetragen, hat **jeder einzelne** Gesellschafter das Recht die **OHG gegenüber Dritten (Banken, Kunden etc.)** zu Vertreten! (§ 125 HGB) - Dieses **Einzelvertretungsrecht** betrifft alle **gewöhnlichen** - und **Außergewöhnlichen** Geschäfte! - Eine Beschränkung des Einzelvertretungsrechts ist Dritten gegenüber unwirksam! - Ist im Gesellschaftsvertrag „**Gesamtvertretung**" eingetragen, bedeutet das, dass ein Gesellschafter nur mit mind. einem weiteren Rechtsgeschäfte gegenüber Dritten im Namen der OHG **rechtswirksam** abschließen kann! - Die Gesamtvertretung muss jedoch **Dritten** durch das HR oder Rundschreiben **bekannt** sein! (§ 107 HGB)
Gewinnbeteiligung	- Die Pro Geschäftsjahr erwirtschafteten Gewinne werden wie im Gesellschaftsvertrag geregelt verteilt! - Ohne Regelung (nach HGB) Verzinsung der einzelnen Kapitalanteile zu je **4%** und Verteilung des Restgewinns nach Köpfen! (§ 121 HGB)
Verlustbeteiligung	- Entsteht ein Verlust in der OHG, wird dieser zu gleichen Teilen (nach Köpfen) unter den Gesellschaftern verteilt! Sofern nicht anders im Gesell.Vertrag geregelt. (§ 121 HGB)
Privatentnahmen	- OHG Gesellschafter dürfen für ihre (verpflichtende) Mitarbeit im Unternehmen kein Geld beziehen! - Für Ihre private Lebensführung sind sie also auf **Privatentnahmen** angewiesen! - Wenn nichts im Gesell.Vertrag geregelt ist, dürfen Gesellschafter während des Geschäftsjahres **4%** des zu Anfang des Jahres vorhandenen Kapitalanteils entnehmen! - Auch dann, wenn das Unternehmen einen Verlust erzielt!
Persönliche Arbeitsleistung	- Alle Gesellschafter der OHG sind zur Führung der Geschäfte einer persönlichen Arbeitsleistung verpflichtet/ berechtigt.
Auflösung	- Vertragsablauf, Beschluss der Gesellschafter, Insolvenz etc.

IV. Die Kommanditgesellschaft (KG)

= Personengesellschaft mit mindestens einem Gesellschafter, dessen Haftung auf einen bestimmten Betrag begrenzt ist (**Kommanditisten**) und mindestens einem weiteren Gesellschafter, dessen Haftung nicht beschränkt ist (**Komplementär**) —> §161 (2) HGB

Firma	- Es gelten **allgemeine Firmengrundsätze** - Zusatz KG oder ausgeschrieben ist zwingend!
Gründerzahl	- Mindestens **1 Komplementär** (Vollhafter, natürlich oder juristisch, z.B. eine AG) - Mindestens **1 Kommanditisten** (Teilhafter)
Vetragsform (Satzung)	- Formfrei und meist schriftlich - Bei Einbringung von Grundstücken: Schriftform mit notarieller Beurkundung zwingend! (§§311b BGB)
HR-Eintrag und Kapitalaufbringung	- Die KG muss beim Amtsgericht, das für den Firmensitz zuständig ist, zur Eintragung ins HR angemeldet werden - <u>Zusätzlicher HR-Eintrag:</u> Bezeichnung der Kommanditisten und Betrag Ihrer Einlagen. - Die Kapitaleinlage (Pflichteinlage) wird vertraglich festgelegt und kann ich Geld oder Sachwerten erfolgen und wird dann zum Gesamtvermögen! - Die Höhe der **Pflichteinlage** kann von der ins HR eingetragene **Hafteinlage** abweichen!
Entstehung der Gesellschaft	- **Innenverhältnis:** Abschluss des Gesellschaftsvertrags oder einem darin stehenden Termin!
	- **Außenverhältnis:** Sobald ein Gesellschafter im Namen der KG Geschäfte tätigt (z.B. Kaufvertrag) ist die Eintragung ins HR rein deklaratorisch! - Erfolgt die HR Eintragung noch vor Aufnahme der Geschäfte, entsteht die KG mit der Eintragung (=konstitutiv)
Haftung	- Der **Komplementär** als persönlich haftender Gesamtschuldner haftet unbeschränkt, unmittelbar und gesamtschuldnerisch! - Der **Kommanditist** haftet nach Eintragung ins HR, soweit er seine Einlage vollständig geleistet hat, lediglich **mittelbar** in Höhe seiner Einlage (sog. Risikohaftung). - Hat er seine Einlage noch nicht geleistet, haftet er mit dem ausstehenden Betrag unmittelbar! (§ 171 HGB) - Vor der HR Eintragung haftet der Kommanditist wie ein persönlich haftender Gesellschafter, es sei denn, dass seine Beteiligung als Kommanditist dem Gläubiger bekannt war
	- Tritt ein Kommanditist in eine bereits bestehende Gesellschaft ein, haftet er auch für „alte" Verbindlichkeiten

Geschäftsführung (Innenverhältnis)	- Kommanditisten sind von der Geschäftsführung der Gesellschaft **ausgeschlossen!** Sie können lediglich Handlungen der Komplementären **widersprechen,** wenn diese über den **gewöhnlichen Betrieb hinaus gehen!** - Die Kommanditisten haben ein eingeschränktes **Kontrollrecht**. Sie können daher Abschriften des Jahresabschlusses verlangen und deren Richtigkeit überprüfen!
Vertretung (Außenverhältnis)	- Kommanditisten sind von der Vertretung der Gesellschaft gegenüber Dritten ausgeschlossen! (§170 HGB)
Gewinnbeteiligung	- Gesellschafter (Komplementäre und Kommanditisten) erhalten zunächst **4 Prozent ihrer** durchschnittlichen **Kapitalanteile** vom Gewinn - Kommanditisten erhalten eine Gutschrift für Ihre Kapitaleinlage nur so lange, bis diese voll geleistet ist! Danach wird der Gewinn direkt ausgezahlt! - **Restgewinn** wird in einem angemessenen Verhältnis verteilt!
Verlustbeteiligung	- Eine Verlustbeteiligung des **Kommanditisten** erfolgt bis zur Höhe seiner Kapitaleinlagen und der noch rückständigen Einlagen in einem angemessenen Verhältnis!
Privatentnahmen	- Der Kommanditist hat **kein Recht auf Privatentnahmen**
Vorteile	- Ausnutzung unterschiedlicher Kenntnisse und Fähigkeiten der Gesellschafter —> bessere Geschäftsführung - Verteilung des Unternehmerrisikos
Nachteile	- unbeschränkte, direkte und gesamtschuldnerisch Haftung des Komplementärs - Es fehlen Kontrollorgane —> hohe Lebenshaltungskosten der Gesellschafter kann die Existenz des Unternehmens gefährden!
Auflösung	- Vertragsablauf, Beschluss der Gesellschafter, Insolvenz etc.

NOTIZEN:

6. Rechtsformen II: GmbH

a) **Die Gesellschaft mit beschränkter Haftung (GmbH) §§ GmbHG**

1.) **Merkmale**
   - Handelsgesellschaft (—> auch das HGB gilt)
   - Die GmbH ist eine juristische Person
   - Nur das Gesellschaftsvermögen haftet
   - **Kapitalgesellschaft**
   - **Formkaufmann** = Kaufmann kraft Rechtsform
   - Firma muss den Zusatz „**GmbH**" enthalten!

2.) **Kapital**
   - Das Stammkapital (mindestens 25.000,-€) setzt sich aus denn Nennbeträgen aller Geschäftsanteile zusammen!
   - Zum **Beispiel**: Drei Personen (A;B;C) gründen eine GmbH, jeder bringt 10.000€ ein:
     —> Stammkapital: 30.000,-€
   - Geschäftsanteile von A, B und C jeweils mit einem **Nennbetrag** von 10.000€
   - 10 Jahre später hat die GmbH 210.000€ Gewinne angesammelt (nicht ausgeschüttet)
     - C will die GmbH verlassen und **A kauft seinen Anteil!**
     - Der Anteil von C kostet: (30.000€ + 210.000€) : 3 = 80.000€
     - A hat nach dem Kauf zwei Geschäftsanteile im **Nennwert von je 10.000€** aber mit einem **tatsächlichen wert von je 80.000€**
   —> **Ein Gesellschafter kann also mehrere Geschäftsanteile besitzen, die er auch jederzeit ohne Genehmigung der anderen Gesellschafter verkaufen kann! § 15 GmbHG**

NOTIZEN:

3.) **Gründung der GmbH**

a) **Ablauf §§ 1,3 und 7 GmbHG:**

- Mind. 1 Person	**1. Errichtung der GmbH**
- Gesellschaftsvertrag = Satzung, immer notariell Beurkundet	**—> Nach Abschluss der Satzung besteht zunächst eine „VorGmbH" mit besonderer Haftung der Gesellschafter!**
- Einzahlung von mind. 25% jedes Geschäftsanteils	
- Sacheinlagen sind voll einzubringen	
- Summe der geleisteten Einlagen: mind. 12.500,-€	
- Bis zur Eintragung ins HR: Persönliche und solidarische Haftung der Gesellschafter	

- Eintragung der GmbH ins Handelsregister

- Konstitutiv = Rechtserzeugend

- Erst jetzt **beschränkte Haftung**

2. Entstehung der GmbH

—> Als juristische Person und erst jetzt Beschränkung der Haftung auf Einlagen

b) **Varianten der Gründung:**

- (1) Standard Gründung (vgl. Oben)
  - Vorteile: Gestaltungsfrei und anpassungsfähig
  - Nachteile: Aufwendigere Gründung und höhere Kosten

- (2) Gründung mit Musterprotokoll falls max. 3 Gesellschafter, keine Sacheinlagen und 1 Geschäftsführer!
  - Vorteile: Vereinfacht und kostengünstiger
  - Nachteile: Weniger Gestaltungsfreiheit und damit Risiko späterer Streitigkeiten

4.) **Organe der GmbH**

Gesellschafterversammlung (=Oberstes Organ der GmbH) §46 GmbHG

ompetenzen:
Feststellung des Jahresabschlusses und Ergebnisverwendung
Bestellung und Abberufung von Geschäftsführern
Prüfung und Überwachung der Geschäftsführung
Bestellung von Prokuristen (Angestellter bzw. Angestellte mit einer handelsrechtlichen Vollmacht,
bestimmte Geschäfte für seinen/ihren Betrieb selbstständig durchzuführen)

eschlüsse:
Durch Stimmenmehrheit (> 50%); 1€ Geschäftsanteil = 1 Stimme (Für Satzungsänderungen >75%) §53

ewinnverteilung:
Im Verhältnis der Geschäftsanteile oder laut Satzung! §29 (3) GmbHG

Allgemeine Kontrolle   *Rechenschaft und*
und Anweisungen *Auskunft*

Geschäftsführer (=Leitung der Gesellschaft) §6 GmbHG

ompetenzen: §41ff GmbHG
Geschäftsführung (Gesamtgeschäftsführung oder andere vetragl. Regelungen)
Vertretung (Gesamtvertretung oder andere vertragl. Regelungen, Beschränkung im Umfang ist Dritten
gegenüber unwirksam!)

estellung durch:
Gesellschafterversammlung oder lt. Satzung (§6 (3) GmbHG)
Personenkreis: Entweder Gesellschafter werden zu Gesellschaftergeschäftsführern oder Fremde.

Aufsichtsrat (= Kontrollorgan) § 52 GmbHG

ompetenzen:
Überwachung der Geschäftsführung
ggf. Mitbestimmung bei Berufung der Geschäftsführer
Prüfung der Jahresabschlüsse

ldung:
Freiwillig oder zwingend bei > 500 Arbeitnehmern!

b.　) —> **7. Rechtsformen III: Die Aktiengesellschaft (AG)**

1.　**Wesentliche Merkmale: §§ 1-7 AktG**

- Kapitalgesellschaft
- Juristische Person
- Mind. 1 Gründer
- Grundkapital: 50.000,-€, zerlegt in Aktien
- Haftung beschränkt auf Vermögen der AG! Die AG haftet als juristische Person, Aktionäre haften nicht!
- Firma muss den Zusatz „AG" enthalten!
- Formkaufmann = Kaufmann lt. Eintragung
- Gehört auch zu den Handelsgesellschaften

2.　**Gründung und Entstehung einer AG (§§ 23ff. AktG)**

a)　**Schritte:**

　　1. Abschluss des Gesellschaftsvertrages (Satzung) durch Gründer

　　2. Notarielle Beurkundung der Satzung —> **Gründungszeitpunkt**

　　3. Übernahme aller Aktien durch die Gründer —> **Errichtungszeitpunkt**

　　4. Bestellung des Aufsichtsrats (AR) und der Abschlussprüfer. Anschließend Bestellung des Vorstands durch den Aufsichtsrat!

　　5. Erstellung des Gründungsberichts und Prüfung durch Vorstand und AR

　　6. Einbringung der Einlagen durch die Gesellschafter: § 36a AktG

　　　　Bareinlagen: mind. 25% des Nennwerts der Aktien + Agio (volle Höhe)

　　　　Sacheinlagen: in voller Höhe

　　7. Eintragung der AG ins HR —> **Entstehung der AG als juristische Person**

　　　　　　(Wer vor der Eintragung für die Gesellschaft handelt, haftet persönlich! § 41 AktG)

b) **Beispiel zur Kapitalaufbringung in einer AG**

Grundkapital: 3 Mio. Euro, zerlegt in 600.000 Aktien zu je 5€!

5 Gründer: Gründer A übernimmt 200.000 Aktien und bringt Grundstück für 1 Mio. €

Gründer B, C und D übernehmen je 100.000 Aktien und bringen Bargeld

Hausbank (=Gründer E) übernimmt 100.000 Aktien zu je 5€ + 1€ Aufgeld

Mindesteinlage <u>vor</u> HR-Eintragung:

A:	200.000 Aktien gegen Sacheinlage (200 Tsd. * 5€)	1.000.000€
B,C,D	300.000 Aktien gegen Bargeld (300 Tsd. * 5€) * 25%	375.000€
E:	100.000 Aktien gegen Bargeld (100 Tsd. * 5€) * 25%	125.000€
	+ Agio (Aufgeld) (100 Tsd. * 1€)	100.000€
= Summe der Mindesteinlagen		**1.600.000€**

A	Vereinfachte Gründungsbilanz		P
Grundstücke	**1 Mio. €**	Gezeichnetes Kapital	3 Mio. €
		- nicht eingefordert	1,5 Mio. €
Bankguthaben	**0,6 Mio. €**	**= eingebrachtes Kapital**	**1,5 Mio. €**
	1,6 Mio. €	**Kapitalrücklage**	**0,1 Mio. €**
			1,6 Mio. €

NOTIZEN:

3. **Aktienarten**

Aktie = Forderung und Beteiligung am Eigenkapital einer AG und Mitgliedschaftsrecht

- **Nennbetragsaktie** = Nennwert z.B. 5€. Summe aller Nennbeträge —> Grundkapital
- **Stückaktie** = Nennwertlos! Verkörpert Bruchteil des Grundkapitals (GK pro Aktie)
- **Stammaktie** = Normale Rechte (Stimmrecht und Dividenden)
- **Vorzugsaktie** = Kein Stimmrecht! Dafür meistens höhere Dividenden

Merke: Der Börsenkurs einer Aktie ist ungleich ihrem Nennwert! Er bildet sich durch
Angebot und Nachfrage!

4. **Organe der AG (vgl. §§ 76ff. AktG)**

VORSTAND (= Leitung der AG)

Aufgaben:
- Geschäftsführung und Vertretung
- Ausführung der Hauptversammlungsbeschlüsse
- Erstellung des Jahresabschlusses und Lageberichts
- Einberufung der ordentlichen Hauptversammlungen
- Berichterstattung an Aufsichtsrat
- Vorschlag über Gewinnverwendung

Wichtig:
- Vorstand darf nicht Aufsichtsratsmitglied der selben AG sein
- Vorstand wird vom Aufsichtsrat auf max. 5 Jahre bestellt!
- Vorstand = Angestellter

Aufsichtsrat (= Überwachung)

Aufgaben:
- Bestellung, Überwachung und Abberufung des Vorstands
- Prüfung:
    - Jahresabschlusses
    - Lagebericht
    - Verwendungsvorschlag Bilanzgewinn
- Einberufung außer ordentlicher Hauptversammlungen!

Zusammensetzung:
- Arbeitnehmervertreter
- Aktionärsvertreter

Wichtig:
- Wahl auf 4 Jahre durch Hauptversammlun

Hauptversammlung (=Aktionäre)

- Wählt Aktionärsvertreter in den Aufsichtsrat
- Entlastung von Vorstand und Aufsichtsrat
- Entscheidung über Bilanzgewinnverwendung
- Wahl der Abschlussprüfer
- Beschlüsse über Satzungsänderungen: 75% Notwendig
- Sonstige Beschlüsse: Einfache Mehrheit des anwesenden Aktienkapitals
- Besitzt ein Aktionär über 25% des gez. Kapitals kann er entscheiden Beschlüsse der HV verhindern = die sog. Sperrminorität

Belegschaft

Beurteilung der Aktiengesellschaft

VORTEILE:

- Aufbringung großer Kapitalmengen durch Aufteilung des Gesellschafts-
vermögens in kleine Kapitalanteile.
- Kapitalgeber haben keine Verpflichtungen zur Geschäftsführung/
Vertretung
- Geringes Haftungsrisiko für Aktionäre
- Arbeitnehmer können sich am Kapital ihrer AG beteiligen (mitAktien)

NACHTEILE:

- Nicht für kleine Unternehmen geeignet (da umfangreiche Vorschriften)
- Hohe Gründungskosten
- Bildung des Aufsichtsrats zwingend vorgeschrieben
- Mitarbeiter haben ab 501 Arbeitnehmern Einfluss auf Wahl des
Vorstandes
- Pflicht zur Veröffentlichung eines Jahresabschlusses und evtl. eines
Lageberichts

8. Finanzierung und Investition: Allgemeines / Offene Selbstfinanzierung

Einführung

- **Investition** = Bilanz Aktiva, Verwendung von Kapital und längerfristige Bindung finanzieller Mittel in Form von Anlagevermögen!
- **Finanzierung** = Bilanz Passiva, Mittelherkunft. Beschaffung von Geld und Geldwerten!

- **Arten der Finanzierung:**
  - **Außenfinanzierung**
    - Beteiligungsfinanzierung (Eigen)
    - Kreditfinanzierung (Fremd)
  - **Innenfinanzierung**
    - Selbstfinanzierung (Eigen)
    - Finanzierung aus Abschreibungen (Eigen)
    - Finanzierung aus Rückstellungen (Fremd)

Wer finanziert? —> Eigen = Ich als Unternehmen —> Fremd = Dritte finanzieren mich

a) Offene Selbstfinanzierung bei der KG

= Offene Selbstfinanzierung liegt vor, wenn Gewinne nicht ausgeschüttet werden!

Sondern die Gewinnanteile der Komplementäre deren Kapitalkonten gutgeschrieben werden (bzw. offen in der Bilanz ausgewiesen werden!)

Kapitalkonten der Kommanditisten bleiben i.d.R. unverändert. —> Nicht entnommene Gewinne der Kommanditisten erhöhen nicht ihre Einlagen sondern stellen eine Verbindlichkeit der KG gegenüber den Kommanditisten dar!

Besteht noch die Pflicht eines Kommanditisten seine Einlage zu leisten, werden die Gewinnansprüche zunächst mit der noch ausstehenden Einlage verrechnet! Erst den danach verbleibenden Gewinn kann er für sich beanspruchen!

b) Offene Selbstfinanzierung bei der AG

= Gewinn wird nicht ausgeschüttet , sondern zur Erhöhung des EK einbehalten

1. Gliederung des Eigenkapitals einer AG:

- I. Gezeichnetes Kapital (=Nennwert aller Aktien bzw. Grundkapital) —> feste Größe
- II. Kapitalrücklagen (=Zusätzliches EK von den Aktionären) —> Beteiligungsfinanzierung
- III. Gewinnrücklagen
    - 1. gesetzliche Rücklagen
    - …
    - …   ⟶   **Einbehaltener Gewinn = Selbstfinanzierung**
    - …
    - 4. andere Rücklagen
- IV. Gewinnvortrag / Verlustvortrag —> Aus dem Vorjahr
- V. Jahresüberschuss /- Fehlbetrag (=Gewinn/Verlust des lfd. Jahres lt. GuV)

2. Rechenschema für die Gewinnverwendung einer AG

Schemata	Bemerkungen
Jahresüberschuss lt. GuV - Verlustvortrag aus Vorjahr **—> bereinigter Jahresüberschuss (1)** - Einstellg. in gesetzl. Rücklagen: 5% von (1) **—> Zwischensumme (2)**	- Gesetzlich vorgeschrieben - § 150 Akt.G - Es müssen solange **5%** in die **gesetzl. Rücklage** fließen bis diese zusammen mit der **Kapitalrücklage 10 %** des Grundkapitals ausmacht
- Einstellg. in andere Gewinnrücklagen: max. 50% v. (2) **—> Restbetrag** + Gewinnvortrag aus Vorjahr + Entnahmen aus Gewinn-oder Kapitalrücklagen	- Entscheidung von **Vorstand** und **Aufsichtsrat** § 58 (2) Akt.G
—> Bilanzgewinn - Weitere Einstellung in Gewinnrücklagen - Dividendenausschüttung **—> Gewinnvortrag**	- Beschluss der **Hauptversammlung** §58 (3) Akt.G

- **Argumente für hohe Rücklagenbildung (Vorstand und Aufsichtsrat)**

    - Unbefristetes Kapital

    - Zukunftssicherung

    - Kreditwürdigkeit steigt

    - Wachstumshilfe

- **Argumente für hohe Dividenden (Hauptversammlung, Aktionäre)**

    - Geldbedarf der Aktionäre

    - Stimmung und Zufriedenheit der Aktionäre

    - Kurs steigt evtl.

Vor - und Nachteile der offenen Selbstfinanzierung:

+ Keine Zins - und Tilgungsverpflichtungen

+ Erhöhte Sicherheit (Kreditwürdigkeit)

+ Unabhängig von Kapitalgebern

- Nur in Gewinnzeiten möglich (begrenzt)
- Bereitschaft der Gesellschafter (KG) notwendig Gewinne nicht zu entnehmen bzw. Bereitschaft der Aktionäre weniger Dividenden zu bekommen!

Notizen:

9. Finanzierung und Investition: Abschreibungsgegenwerte

Abschreibungen = Wertminderungen bei Vermögensgegenständen durch Abnutzung etc.
Sie sind Aufwendungen aber ohne Geldabfluss!

Bilanzielle Abschreibungen:
- Erfolgen in der Buchhaltung als Aufwand = Gewinnminderung
- Berechnungsgrundlage: Anschaffung - oder Herstellungskosten

Kalkulatorische Abschreibungen:
- Erfolgen in der Kostenrechnung als Teil der Selbstkosten
- Berechnungsgrundlage: (höhere-) Wiederbeschaffungskosten

Effekt 01:
- In Höhe der bilanziellen Abschreibung wird ein niedrigerer Gewinn ausgewiesen
  - Weniger Gewinnsteuern und Gewinnausschüttungen
  - Liquide Mittel bleiben im Unternehmen
  - **Eigentlicher Finanzierungseffekt (=Ausschüttungssperre)**

Effekt 02:
- Kalk. Abschreibungen führen zum Zufluss liquider Mittel die über die Nutzungsdauer die Summe der Wiederbeschaffungskosten ergeben!
  - **Anschaffung von Anlagevermögen**
    - Kalkulatorische Abschreibungen
      - Einbeziehung in die Kalkulation (Selbstkosten)
      - Rückfluss über Umsatzerlöse
        - Flüssige Mittel kommen ins Unternehmen
        - **Anschaffung von Anlagevermögen**

= Kapitalfreisetzungseffekt: Die flüssigen Mittel können angespart werden oder für den Ersatz bzw. eine Erweiterung des abgeschriebenen Gegenstandes investiert werden.

10. Finanzierung und Investition: Beteiligungs-(Eigen-)Finanzierung (AG)

vgl. §§ 182 ff Akt.G

Kapitalerhöhung gegen Einlagen bedeutet eine Eigenkapitalbeschaffung durch Ausgabe junger Aktien!

Voraussetzung ist der Beschluss der HV mit einer **75% Mehrheit** des anwesenden Grundkapitals!

Bei **Stückaktien** gilt: Die Zahl der Aktien müssen im selben Verhältnis erhöht werden wie das Grundkapital erhöht wird!

—> **Finanzierungswirkung:**

- Zahl der jungen Aktien * (fiktiver) Nennwert   = Erhöhung des Grundkapitals
- Zahl der jungen Aktien * Agio   = Erhöhung der Kapitalrücklage
  - bzw. Zahl der jungen Aktien * Emissionskurs = Erhöhung des Eigenkapitals

- **Bezugsrecht =** Recht eines Altaktionärs, so viele junge Aktien zu erwerben, dass sein bisheriger Anteil am Grundkapital erhalten bleibt!
- **Wert/Bezugsrechts (€) =** alter Kurs - Mittelkurs oder (Kurs alt - Kurs jung):(alt:jung+1)
  - **Bezugsverhältnis =** Altes Grundkapital : Kapitalerhöhung
  - Das Bezugsrecht kann an der Börse gehandelt werden
- **Mittelkurs (= Rechnerischer Kurs nach Kapitalerhöhung)**

(Anzahl alte Aktien * alter Kurs + Anzahl neue Aktien * Emissionskurs) : (alte + neue Aktien)

- **Emissionskosten =** Kosten die bei Ausgabe junger Aktien entstehen
- **Emissionskurs**   = Kurs zu dem junge Aktien ausgegeben werden

VORTEILE	NACHTEILE
- Erhöhung des Eigenkapitals	- Schwierig zur schlechten Börsenzeit
- Erhöhung der Kreditwürdigkeit	- Kapitalgeber (Aktionäre) haben ein Mitspracherecht!
- Keine Rückzahlungsverpflichtung	

11. Finanzierung und Investition: Außen- und Fremdfinanzierung (Kredit)

Einführung:

Finanzierungsfrage beim Kauf eines Anlagegutes

      Eigenfinanzierung oder (langfristige) Fremdfinanzierung?

Vorteile (Kredit)	Nachteile (Kredit)
Schnelle + billige Kapitalbeschaffung	Kapital nur befristet verfügbar
Keine Mitbestimmung der Kapitalgeber	Notwendig: Kreditwürdigkeit
Zinsen (Aufwand, GuV) wirken steuermindernd	Risiko steigender Zinssätze

1.) Kontokorrentkredit

= Kredit der bis zum vereinbarten Limit in Anspruch genommen werden kann! Dient zur besseren Abwicklung des Zahlungsverkehrs.

- Die Kredithöhe kann ständig schwanken

- Keine festgelegten Tilgungsbeträge

- Zinssatz relativ hoch und schwankt mit dem allgemeinen Zinsniveau

- Falls Überschreitung des Limits —> Überziehungszinsen

2.) Darlehen:

a) Fälligkeitsdarlehen (=Festdarlehen):

- Tilgung am Ende der Laufzeit in einer Summe

- Zinsen bleiben in jeder Periode gleich hoch!

Belastung je Periode (z.B. Jahr 01/Jahr 02/…): —> Zinsen

Belastung am Ende: —> Zinsen + Endtilgung

Zinsen = Zinssatz * Kreditsumme

b) Abzahlungsdarlehen (Ratendarlehen):

- Tilgung in gleich hohen Raten
- Zinsen fallen gleichmäßig von Periode zu Periode

Belastung je Periode: Zinsen + Tilgung

Zinsen = Zinssatz * Restschuld

c) Annuitätendarlehen:

- Tilgung zuzüglich Zinsen ergeben die Annuität
- Annuität ist eine Summe die jede Periode gleich bleibt!
- Zinsen nehmen jede Periode ab!
- Tilgung steigt jede Periode!
- Belastung je Periode: Zinsen + Tilgung
- **Zinsen = Annuität - Tilgung**
- **Tilgung = Annuität - Zinsen**

NOTIZEN:

Maßstäbe zur Beurteilung von Darlehen:

a) Die Effektivverzinsung:

Der effektive Jahreszins gibt die jährlichen Gesamtkosten eines Darlehens in Prozent des verfügbaren Darlehenbetrages an!

Zins pro Jahr (Darlehenssumme * Zinssatz)

+ Disagio pro Jahr (Disagio : Darlehenslaufzeit)

+ Sonstige Bearbeitungsgebühren pro Jahr

= Jährliche Gesamtkosten des Darlehens

—> effekt. Jahreszins = (Jährliche GK * 100) : (Verfügbare Darlehenssumme)

b) Barwert:

= Gegenwartswert oder „heutiger" Wert einer zukünftigen Zahlung!

= Zahlung aus dem Jahr X * Abzinsungsfaktor = Barwert

—> Je länger die Laufzeit und je höher der Zinssatz, desto niedriger ist der Barwert!

c) Liquidität und Aufwand

- Liquidität

  - Alle Geldabflüsse (von Kassen, Banken etc.)

   - Zinsen

   - Tilgungen

- Aufwendungen

  - Alle Kosten der GuV, die somit den Gewinn schmälern

   - Zinsen

   - Abschreibungen

3.) Kreditsicherung

a) Bürgschaft

= Der Bürge muss zahlen, falls der Kreditnehmer nicht will oder kann

- Ausfallbürgschaft
  - Bürge muss erst zahlen, wenn beim Kreditnehmer eine Zwangsvollstreckung erfolglos war!

- Selbstschuldnerische Bürgschaft
  - Bürge haftet wie Kreditnehmer —> Gerät dieser in Zahlungsverzug, kann sich die Bank sofort und direkt vom Bürgen das Geld holen!
  —> Übliche Form bei Banken

b) Sicherungsübereignung

= Kreditgeber wird Eigentümer einer Sache, Kreditnehmer bleibt jedoch Besitzer!

+ Gegenstand (z.B. Maschine) kann vom Schuldner weiter benutzt werden

+ Gläubiger muss Gegenstand nicht aufbewahren

- Gläubiger Risiko (z.B. durch Abnutzung oder Verkauf des Gegenstandes)

c) Grundpfandrecht

= Gläubiger erhält Pfandrecht an einem Grundstück

—> Entsteht durch Einigung vor Notar und Eintragung ins Grundbuch!

- Grundschuld (sehr häufig)
  - Bleibt bei Rückzahlung des Kredits in voller höhe bestehen und kann später wieder als Sicherheit verwendet werden! Eigentümer des Grundstücks kann Grundschuld löschen lassen!

- Hypothek (selten)
  - Höhe der Hypothek verringert sich mit der Schuld beim Gläubiger!

12. Finanzierung und Investition: Sonderform Fremdfinanzierung (Leasing)

Leasing = Die Vermietung oder Verpachtung wirtschaftlicher Güter gegen Endgeld

—> Fremdfinanzierung

—> Leasingnehmer zahlt <u>nur die Leasingraten</u>!

a) Operate Leasing

- Klassischer Mietvertrag
- Kurze Laufzeit (max. 1 Jahr)
- Kündbar während Laufzeit
- Investitionsrisiko trägt der Leasinggeber
- Hohe Leasingraten
- Bilanziert wird beim Leasinggeber

b) Finance-Leasing

- mittel-bis langfristige Laufzeit
- Keine Kündigung während Grundmietzeit
- Investitionsrisiko trägt Leasingnehmer
- Niedrigere Leasingraten
- Bilanzieren kann auch der Leasingnehmer (sehr selten)

Vollamortisationsvertrag	Teilamortisationsvertrag
—> Alle Kosten des Leasinggebers werden innherlab der Grundmietzeit gedeckt!	—> Die Leasingraten während der Grundmietzeit decken nicht alle Kosten des Leasinggebers! —> Erst durch eine anschließende Verlängerung des Vertrages oder durch den Verkauf des Gegenstandes nach der Grundmietzeit!

Vorteile und Nachteile des Leasings:

+ Keine Anschaffungskosten
+ Kapital kann anderweitig verwendet werden
+ Man kann sich ständig die neueste Technik zulegen
+ Keine Verschlechterung der Kreditwürdigkeit

- Ständig hohe Geldabflüsse (Leasingraten)
- Kein Eigentumserwerb jedoch Investitionsrisiko
- Keine Kündigung während der Grundmietzeit (Finance-Leasing)

Vergleich von Leasing und Kredit

—> Mittelabfluss und Aufwand betrachten! (Bei Leasing gleiche Beträge)

Mittelabfluss (Liquidität)

    Leasing: Leasingraten

    Kredit : Zinsen und Tilgung

Aufwand (Gewinnminderung)

    Leasing: Leasingraten

    Kredit : Zinsen und Abschreibungen und Abschreibungen des Disagios

NOTIZEN:

13. Finanzierung und Investition: Investitionsrechnung

Investition = Das im Rahmen der Finanzierung beschaffte Kapital wird in betrieblichem Vermögen angelegt!

Investitionsarten:

- **Immaterielle Investitionen** (Rechte, Patente oder Forschungsergebnisse)
- **Sachinvestitionen (laufend, immer wieder)**
    - **Erweiterungsinvestition**
    - **Rationalisierungsinvestition**
    - **Ersatzinvestition**

Fragestellung: Ist eine geplante Investition unter rechnerischen Gesichtspunkten vorteilhaft?

1.) **Kostenvergleichsrechnung** (=Welche Investition ist kostengünstiger?)

Relevante Kosten	
Betriebskosten	**Kapitalkosten**

z.B.
- Fixe Kosten
  - Gehälter
  - Raumkosten
  - ...
 	
- Variable Kosten
  - Löhne
  - Materialverbrauch
  - Energieverbrauch
  - ...
	Nur:
	- Fixe Kosten
	  - Kalkulatorische Abschreibungen
	  - Kalkulatorische Zinsen

	Kalk. Abschreibung pro Jahr: $$= \frac{(\text{Anschaffungswert - Restwert})}{\text{Nutzungsdauer}}$$
	Kalk. Zinsen pro Jahr: $$= \frac{(\text{Anschaffungswert + Restwert})}{2} * \frac{\text{Zinssatz}}{1}$$

a.) Alternativinvestition (= Maschine A oder B kostengünstiger?)

Rechenschema:

	Maschine A	Maschine B
Kapitalkosten	...	...
Kalk. Abschreibung		
+ Kalk. Zinsen		
—> Kapitalkosten (Kf)		
+ Fixe Betriebskosten		
+ Variable Betriebskosten		
—> Jährliche Gesamtkosten	Addition der Kosten	
—> Stückbetrachtung;	$\dfrac{Kv}{St.} + \dfrac{Kf}{St.} = \dfrac{K}{St.}$	$\dfrac{Kv}{St.} + \dfrac{Kf}{St.} = \dfrac{K}{St.}$
—> Kritische Menge:	$kv * x + Kf = kv * x + Kf$	

b.) Ersatzinvestition (= Ist die alte oder die neue Maschine kostengünstiger?)

Rechenschema:

	Alt	Neu
Kapitalkosten		
Kalk. Abschreibung + Mind. des Verkaufserlöses + Kalk. Zinsen	*Keine* *(RW1-RW2):Restl.ND* *wie gehabt*	*(AK-RW):ND* *Keine* *wie gehabt*
—> Kapitalkosten (Kf)	...	...
+ Fixe Betriebskosten	...	...
+ Variable Betriebskosten		
—> Jährliche Gesamtkosten	Addition der Kosten	„ “

Nachteile der Kostenvergleichsrechnung (1)

- Künftige Kostenentwicklungen werden nicht berücksichtigt
- Nur kurzfristiger Vergleich (1 Jahr) —> nicht repräsentativ
- Aufteilung in Fixe und Variable Kosten oft schwierig (Löhne/Gehälter)
- Erträge,Erlöse und Rentabilität etc. werden nicht berücksichtigt!

2.) Amortisationsrechnung

= In wie vielen Jahren fließt der Investierte Betrag wieder ins Unternehmen zurück?

= Man berechnet also die Amortisation(- Wiedergewinnung)s Zeit oder pay-off-Periode!

Amortisationszeit:

    = (Kapitaleinsatz : Kapitalrückfluss)

    = (Anschaffungswert : (Gewinn + kalk. Abschreibungen))

a.) Einzelinvestition (Ab wann rentiert sich die Investition?)

    —> Je kürzer die Zeit ist, desto geringer ist das Risiko der Investition!

b.) Alternativinvestition (Welche Maschine rentiert sich früher?)

    —> Genau wie (a) berechnen und dann auswählen

c.) Rationalisierungsinvestition (Betrachtung alter und neuer Maschine)

- (Anschaffungskosten (neu) - Resterlöse (alt)) = Kapitaleinsatz
- Untersuche: Welche Maschine erbringt mehr Kapitalrückfluss?

3. Dynamische Investitionsrechnung

Die bisher behandelte statische Investitionsrechnung betrachtet nur eine Nutzungsperiode (meistens 1 Jahr). Da aber die Kosten und Erlöse zeitlich schwanken können gibt es eine genauere Methode!

Die sog. **dynamische Investitionsrechnung** betrachtet alle Nutzungsperioden und berücksichtigt, dass

- Die Ein- und Auszahlungen zu unterschiedlichen Zeitpunkten anfallen, also:

—> Abzinsung auf den Zeitpunkt Null!

Die Kapitalwertmethode (=Instrument der dyn. Investitionsrechnung)

Grundfrage: Bekomme ich genug Zinsen für meinen Kapitaleinsatz?

—> **Lösung:** Alle Ein- und Auszahlungen, die durch die Investition ausgelöst werden müssen auf den Beginn des Investitionszeitraums abgezinst werden!

Rechenweg:

    Barwert der Einnahmen

  - **Barwert der Ausgaben**

  + **Barwert der Liquidisationserlöse**

  - **Anschaffungskosten**

  ―――――――――――――――――――――

  = **Kapitalwert C(0)**

Merke:

- **Ist C(0) positiv** = Sehr vorteilhaft, da die Investition sogar Überschüsse erbringt!
- **Ist C(0) Null**   = Investition ist vorteilhaft. Die gewünschte Verzinsungen wird erfüllt
- **Ist C(0) negativ** = Nicht Vorteilhaft

14. Der Jahresabschluss der AG

Bilanz + GuV-Rechnung + Anhang

Handelsrechtlicher Jahresabschluss (nach HGB)

Gläubiger und Gesellschafterschutz

- **Bewertung nach dem Vorsichtsprinzip!**
  - **Vermögen eher niedrig**
  - **Verbindlichkeiten eher hoch**
    - —> <u>Dadurch niedrigerer Gewinn!</u>

1.) Adressaten des Jahresabschlusses:

- Eigentümer / Aktionäre —> Künftige Ertragsaussichten
- Gläubiger / Banken —> Kreditwürdigkeit
- Investoren / Anleger —> Darstellung Vermögens-/Gewinnsituation
- Finanzamt —> Steuerlicher Gewinn

2.) Bestandteile des Jahresabschlusses:

- **Bilanz:** Darstellung: Vermögen und Schulden zum 31.12.
  - (Alle Gesellschaften)
- **GuV:** Darstellung: Aufwendungen / Erträge während des Jahres
  - (Alle Gesellschaften)
- **Anhang:** Erläuterungen zu bestimmten Werten (Bilanz und GuV)
  - (Kleine-/mittel- und große Kapitalgesellschaften)

Größenklassen Kapitalgesellschaften nach § 267 HGB

	Klein	**Mittel**	**Groß**
Bilanzsumme	< 4,8 Mio. Euro	< 19,3 Mio. Euro	> 19,3 Mio. Euro
Umsatzerlöse	< 9,7 Mio. Euro	< 38,5 Mio. Euro	> 38,5 Mio. Euro
Arbeitnehmer	< 50	< 250	> 250
Pflichten	Bilanz und Anhang	Bilanz und Anhang und GuV und Lagebericht	Bilanz und Anhang und GuV und Lagebericht

GuV-Gliederung nach § 275 HGB

Gesamtkostenverfahren:		Umsatzkostenverfahren:	
	Umsatzerlöse		**Umsatzerlöse**
+/-	Bestandsverändeurngen	-	Herstellungskosten
+	Sonstige Erträge	+	Sonstige Erträge
=	**Rohergebnis**	=	**Rohergebnis**
-	Personalaufwand	-	Vertriebskosten
-	Abschreibungen	-	Verwaltungskosten
-	Sonstige Aufwendungen	-	Sonstige Aufwendungen
=	**Betriebsergebnis**	=	**Betriebsergebnis**
+	Finanzergebnis	+	Finanzergebnis
-	Steuern	-	Steuern
=	**Jahresüberschuss/-fehlbetrag**	=	**Jahresüberschuss/-fehlbetrag**

3.1. Grundsätze der Bilanzierung (§§ 246 ff.)

(= Regeln für die Erstellung des Jahresabschlusses)

a.) Bilanzklarheit

—> Klare und Übersichtliche Darstellung

—> Beachtung der Gliederungsvorschriften

b.) Bilanzwahrheit

—> Vollständige Werte und in richtiger Höhe

c.) Bilanzkontinuität

—> Schlussbilanz = Eröffnungsbilanz

—> Immer die Gleiche Bilanzierungsgliederung

d.) Einzelbewertung

—> Vermögensgegenstände und Schulden sind einzeln zu bewerten!

3.2. Grundsätze der Bewertung (= Zur Erfüllung des Gläubigerschutzes)

a.) Realisationsprinzip

—> Gewinne erst dann ausweisen, wenn sie durch den Verkauf realisiert wurden!

b.) Imparitätsprinzip

—> Drohende Verluste müssen auch dann ausgewiesen werden, wenn sie noch nicht eingetreten sind!

c.) Niederstwertprinzip

—> Streng: Abschreibungspflicht bei Wertminderungen von Vermögensgegenständen

—> Gemildert: Abschreibungswahlrecht bei Wertminderungen von Vermögensg.

d.) Höchstwertsprinzip

—> Zuschreibungspflicht für Verbindlichkeiten die im Wert gestiegen sind!

e.) Anschaffungswertprinzip

—> Vermögensgegenstände höchstens mit den AK bzw. HK bilanzieren!

4. Bilanzierungswahlrechte bei selbstgeschaffenen immateriellen Vermögensgegenständen

= z.B. selbstentwickelte Software, Patente oder der Firmenwert

—> Der Wertansatz sind immer die **Herstellungskosten §255(2a)** HGB

—> Nur **Entwicklungskosten**. Verbot für Forschungskosten!

—> Für **erworbene** immaterielle Vermögensgegenstände besteht **Aktivierungspflicht!**

5.) Zugangs- und Folgebewertung (Definitionen) § 253 HGB

- **Zugangsbewertung** = Festlegung des ersten Wertes mit dem der Vermögensgegenstand in die Buchführung kommt —> Ermittlung von HK oder AK

- **Folgebewertung** = Festlegung des Wertes, mit dem der Vermögensgegenstand am Bilanzstichtag auszuweisen ist!

a.) Bewertung von unbebauten Grundstücken:

—> **Anlagevermögen**

—> **Anschaffungskosten** = Erwerb + betriebsbereiter Zustand

—> **Am Bilanzstichtag höchstens mit AK bilanzieren!**

—> Dauerhafte Wertminderung = **Abschreibungspflicht**

—> Vorübergehende Wertminderung = **Abschreibungsverbot**

b.) Bewertung von Finanzanlagen:

—> **Anteile an verbundenen Unternehmen (Mutter-Tochter)**

—> **Beteiligungen über 20%**

> —> **Wertpapiere des Anlagevermögens**

—> Dauernde Wertminderung = **Abschreibungspflicht**

—> Vorübergehende Wertminderung = **Abschreibungswahlrecht**

Steigt der Wert nach einer Wertminderung wieder, dann Zuschreibungspflicht
auf maximal AK (Anschaffungskosten + Nebenkosten (Spesen))

Berechnung der **Wertänderungen:**   (Anschaffungskosten : AK-Kurs) * neuer Kurs

c.) Bewertung beweglicher Sachanlagen (Maschinen, Fahrzeuge etc.):

- Zugangsbewertung: AK + notwend. Nebenkosten (- Rabatt; - Skonto)

- Dauernde Wertminderung = **Abschreibungspflicht**

- Vorübergehende Wertminderung = **Abschreibungsverbot**

—>   Bei außerplanm. Abschreibung: Berechnung neuer planmäßiger
        Abschreibung (Restwert : Restnutzungsdauer)

—>   Entfallen die Gründe der außerplanm. Abschreibung **muss** zum nächsten
        Bilanzstichtag der Wert angesetzt werden, der planm. entstanden wäre

d.) Bewertung von Wertpapieren des Umlaufvermögens (Aktien, Anleihen):

—> AK = (Kurswert * Stückzahl) + Nebenkosten

Vorübergehende- und Dauerhafte Wertminderung: **Abschreibungspflicht**
(Strenges NWP) § 253(4) HGB

        Steigt der Aktienwert wieder —> **Zuschreibungspflicht** (max. AK)

e.) Fertige-und Unfertige Erzeugnisse:

—> Bewertung max. mit den Herstellungskosten (§ 253 (1) HGB)

Herstellungskosten

= Einzelkosten + angem. Gemeinkosten (produktionsbedingt) —> Pflicht (Gewinn klein)

  + Allgemeine Verwaltungskosten + Sozialkosten   —> Wahl (Gewinn hoch)

—> Ohne Forschungs- und Vertriebskosten!!!

f.) Darlehensverbindlichkeiten:

—> Schulden sind Grundsätzlich mit dem **Erfüllungsbetrag anzusetzen** (§253(1) HGB)

—> Disagio

     - **Rechnungsabgrenzungsposten** Abschreibung über Laufzeit des Darlehens

                                  Höherer Gewinn!

     - **Sofortaufwand** Behandlung als Zinsaufwand im Jahr der Darlehensaufnahme

Fremdwährungsverbindlichkeiten:

- **Zugangsbewertung** mit dem Erfüllungsbetrag durch **Divisenkassamittelkurs**

- **Folgebewertung:**

    - **Restlaufzeit < 1 Jahr:** Bilanzierung mit Kurswert vom 31.12.

    - **Restlaufzeit > 1 Jahr:** Bilanzierung mit Zugangsbetrag oder höherer Schuld!

15. Jahresabschluss Analyse

=   Beurteilung eines Unternehmens aufgrund von Kennzahlen, die aus der Bilanz und GuV gewonnen werden. So kann man die aktuelle Lage und Entwicklung eines Unternehmens Einschätzen!

BILANZANALYSE:

1.) Erstellung einer Strukturbilanz:

A	Strukturbilanz zum 31.12	P

I. Anlagevermögen

II. Umlaufvermögen
1. Mittelfristig flüssig (Vorräte)
2. Kurzfristig flüssig (Forderungen)
3. Sofort flüssig (Bargeld; Bank)

I. Eigenkapital
1. Gez. Kapital
2. Gewinnrücklagen
3. Kapitalrücklagen
4. Gewinnvortrag

II. Fremdkapital
1. Langfristig (Bankdarlehen)
2. Kurzfristig (Verb. aus L.L.)

2.) Berechnung und Beurteilung der Bilanzkennzahlen:

a) **Kennzahlen zur Kapitalstruktur,** geben Auskunft über die Herkunft und Zusammensetzung des Kapitals!

—> Je höher der EK-Anteil, desto krisenfester ist das Unternehmen!

$$\text{Eigenkapitalquote} = (EK * 100) : GK$$

—> Einschätzung ist branchenabhängig

—> Stille Rücklagen und Finanzierungen durch Leasing werden nicht berücksichtigt!

—> Aktionäre interessieren sich evtl. für den …

$$\text{Bilanzkurs} = (\text{Bilanz. } EK) : \text{Zahl der Aktien}$$

b.) **Kennzahlen zur Anlagendeckung** geben Auskunft über die Deckung des Anlagevermögens langfristig verfügbares Kapital!

> <u>Anlagendeckungsgrad I</u> = (EK * 100) : Anlagevermögen

> <u>Anlagendeckungsgrad II</u> = ((EK + langfr. FK)*100) : Anlagevermögen

Gut: **Deckungsgrade > 90% (I) oder > 150% (II)**
Schlecht: **Deckungsgrade < 60% (I) oder < 110% (II)**

c.) **Kennzahlen zur Liquidität (=Zahlungsbereitschaft)** geben Auskunft, ob das Unternehmen in der Lage ist, seine Zahlungsverpflichtungen fristgerecht zu erfüllen!

> <u>Liquidität 1. Grades</u> = (flüssige Mittel * 100) : Kurzfr. Verbindl.

> <u>Liquidität 2. Grades</u> = ((flüssige Mittel + kurzfr. Forderungen) * 100) : Kurzfr. Verbindl.

Beurteilung:
- **Liquidität 1. Grades mindestens 1:5 Regel (20%)**
- **Liquidität 2. Grades mindestens 1:1 Regel (100%)**

—> Aussagekraft ist dennoch begrenzt, da die Zahlen auf der Vergangenheit beruhen!

GuV ANALYSE:

= Mit Hilfe von Kennzahlen aus der GuV-Rechnung kann man Aussagen über die Ertragslage eines Unternehmens ableiten!

1. **Rentabilitätskennzahlen** zeigen die Verzinsung des eingesetzten Kapitals!

> **EK-Rentabilität** = (Gewinn/Jahresüb. *100) : durchschn. EK

> **GK-Rentabilität** = ((Gewinn/Jahresüb. + FK-Zinsen) *100) : durchschn. GK

> **Umsatz-Rentabilität** = (Gewinn/Jahresüb.) *100 : Umsatz (GuV)

DER LEVERAGE-EFFEKT:

= Ein zunehmender Einsatz von Fremdkapital erhöht die Eigenkapitalrentabilität, wenn der Fremdkapitalzins kleiner als die Gesamtkapitalrentabilität ist!

RETURN ON INVESTMENT (ROI)

= Der „ROI" entspricht im Ergebnis der GK-Rentabilität. Er hat aber eine größere Aussagekraft. Erweitert man die Formel der GK-Rentabilität um die Umsatzerlöse erhält man:

$$ROI = \frac{(Gewinn + FK\text{-}Zinsen) * 100}{Umsatzerlöse} * \frac{Umsatzerlöse}{Gesamtkapital}$$

Er zeigt, dass man die GK-Rentabilität steigern kann durch:

- Erhöhung der Umsatzrentabilität

- Erhöhung des Kapitalumschlags (Umsatzsteigerung oder weniger Kapitaleinsatz)

CASHFLOW

=   Zahlungsstrom bzw. Überschuss der Einzahlungen gegenüber den Auszahlungen einer Periode oder der Teil der Umsatzerlöse, der nicht für Betriebsausgaben benötigt wird.

Er zeigt die Innenfinanzierungskraft eines Unternehmens:

—> Aufbringung von Mitteln aus eigener Kraft

Berechnungen:

Jahresüberschuss
+ Abschreibungen
- Zuschreibungen
+ Erhöhung langfr. Rückstellungen
- Verminderung langfr. Rückstellungen

= **Brutto-Cashflow**
- Gewinnausschüttung

= **Netto-Cashflow**

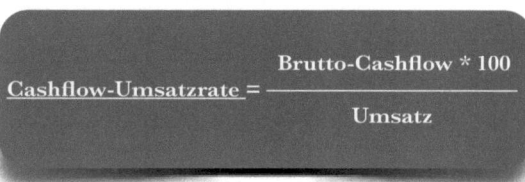

$$\text{Cashflow-Umsatzrate} = \frac{\text{Brutto-Cashflow} * 100}{\text{Umsatz}}$$

STÄRKEN:

+ Weniger durch bilanzpolitische Maßnahmen manipulierbar als der JÜ

+ Warnsignal (Steigender Jahresüberschuss aber sinkender Cashflow)

+ Zeigt inwieweit z.B. Abschreibungen den JÜ beeinflussen!

SCHWÄCHEN:

- Teile des Cashflow können schon wieder Investiert sein

- Über 20 diverse Berechnungsmethoden des Cashflow

EBIT

=   Kennzahl die das ordentliche Betriebsergebnis angibt. Nach dem herausrechnen von Zinsen, Ertragssteuern und anderen Faktoren erkennt man die Ertragskraft eines Unternehmens aus der reinen Betriebstätigkeit (= operativer Gewinn)

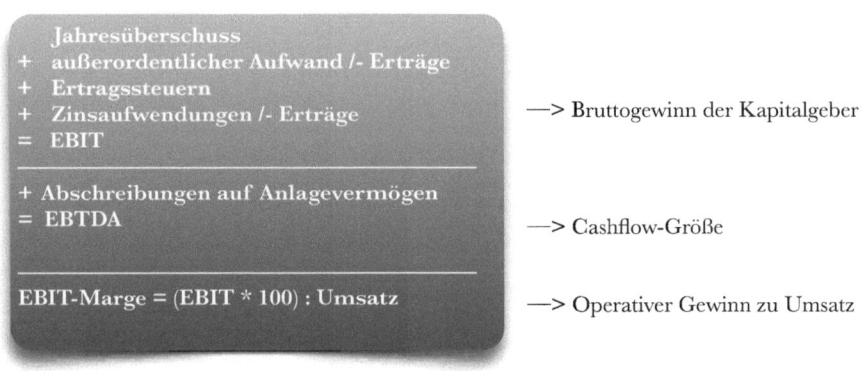

      Jahresüberschuss
+   außerordentlicher Aufwand /- Erträge
+   Ertragssteuern
+   Zinsaufwendungen /- Erträge   —> Bruttogewinn der Kapitalgeber
=   EBIT

+ Abschreibungen auf Anlagevermögen
= EBTDA   —> Cashflow-Größe

EBIT-Marge = (EBIT * 100) : Umsatz   —> Operativer Gewinn zu Umsatz

JAHRESABSCHLUSSANALYSE KRITIK:

Die hier berechneten Kennzahlen müssen unter folgenden Vorbehalten gesehen werden:

    - Zu Grunde liegende Daten sind:

        - Vergangenheitsbezogen

        - auf den Bilanzstichtag bezogen

        - Teilweise unvollständig

        - Häufig nicht vergleichbar

—> **Konsequenz**: Unbedingt Anhang und Lagebericht des Unternehmens Lesen!